Couverture inférieure manquante

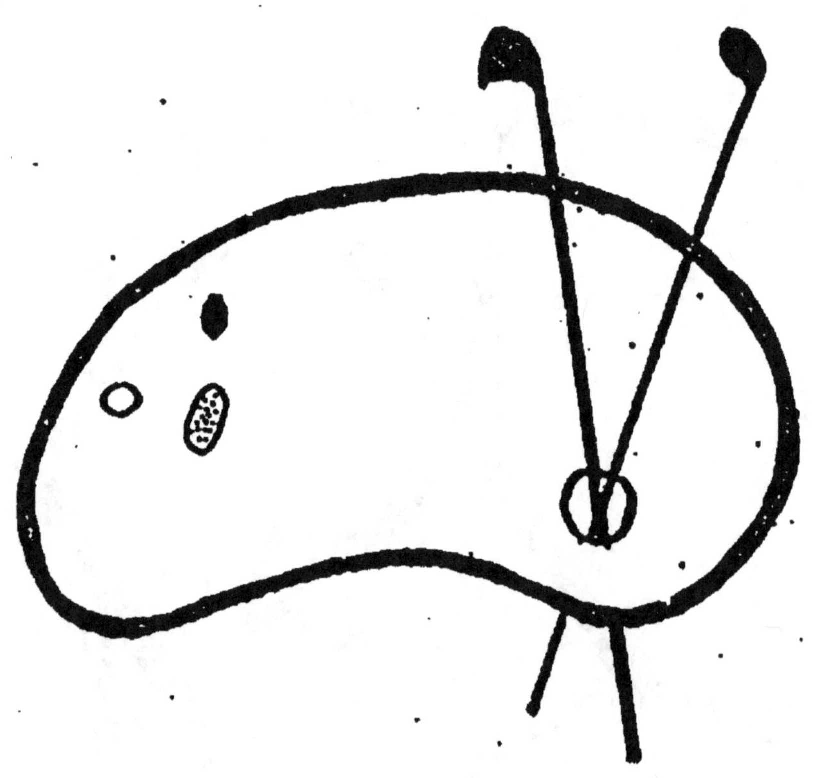

DEBUT D'UNE SERIE DE DOCUMENTS
EN COULEUR

Petites Conférences Educatives

SUR LE SOCIALISME

PAR

le D' L. GREFFIER

Secrétaire Général de la Fédération Socialiste de l'Isère
Délégué au Conseil Central du Parti Socialiste de France (U.S.R.)

Prix : 0 fr. 25

GRENOBLE

LIBRAIRIE DAUPHINOISE
Place Victor-Hugo

AUX BUREAUX DU « DROIT DU PEUPLE »
7, rue de la Fédération

1904

BIBLIOTHÈQUE du SOCIALISTE

Ouvrages indispensables aux Conférenciers socialistes

Le Programme du Parti Ouvrier, ses considérants et ses articles expliqués et commentés par J. Guesde et P. Lafargue............... 0,25 cent.

Le Programme agricole du Parti O. F. commenté par P. Lafargue..................... 0,10 cent.

Le Manifeste du Parti Communiste, par Karl Marx et Engels..................... 0,25 cent.

L'Assurance sociale, par Ed. Vaillant........ 0,10 cent.

Les Propos d'un Rural, par Compère-Morel. 0,10 cent.

Principes, terrain et moyens de la lutte de classe, par H. Nivet..................... 0,50 cent.

Notions élémentaires d'économie marxiste par H. Nivet..................... 0,50 cent.

Tous ces ouvrages se trouvent à la bibliothèque du Parti Socialiste, 16, rue de la Corderie, Paris et aux bureaux du « Droit du Peuple », 7, rue de la Fédération, Grenoble.

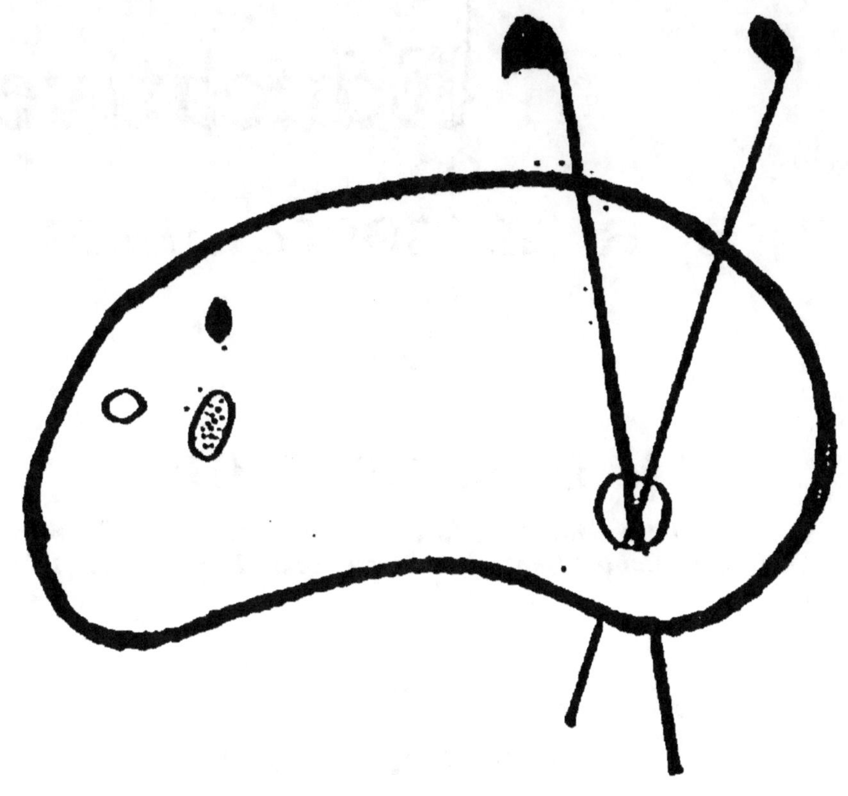

FIN D'UNE SERIE DE DOCUMENTS
EN COULEUR

Petites Conférences Educatives

R LE SOCIALISME

PAR

le Dʳ L. GREFFIER

Secrétaire Général de la Fédération Socialiste de l'Isère
Délégué au Conseil Central du Parti Socialiste de France (U.S.R.)

Prix : O fr. 25

GRENOBLE
LIBRAIRIE DAUPHINOISE
Place Victor-Hugo

ET AUX BUREAUX DU « DROIT DU PEUPLE »
7, rue de la Fédération

1904

PRÉFACE

But de cet Ouvrage

En écrivant ce petit opuscule, je n'ai eu nullement l'intention de rédiger un *traité de Socialisme*. Une pareille œuvre exigerait un ou plusieurs gros volumes et une compétence que je ne me reconnais pas.

Tout différent est le but que je me suis proposé. L'idée de ce travail m'est venue à la suite de l'échec éprouvé, en mars 1904, dans la première circonscription de l'Isère, par le Parti socialiste.

Tous les militants s'accordèrent à penser que cet échec était dû à l'absence de connaissances des électeurs, complètement inconscients de leurs intérêts de classe.

Dès lors, le remède était tout indiqué : propager partout l'instruction socialiste par le journal, par la brochure et surtout par les conférences.

Mais, pour faire des conférences, il va de soi qu'il faut des conférenciers. Pour avoir des conférenciers, il faut en créer.

Quelques excellents militants me firent alors cette objection qu'il leur était difficile de se lancer à faire des conférences, parce qu'ils manquaient d'habitude, surtout pour se tracer un plan; ils manquaient également de documents précis où trouver les matériaux desdites conférences.

J'émis alors cette idée que je pourrais peut-être leur être utile en traçant ces plans et en en exposant succintement les développements.

Il est bien entendu que ce ne sont pas là des leçons à réciter, mais de simples indications dont chacun se servira à sa guise, en les modifiant suivant les temps, les lieux, le genre des auditeurs, etc.

Dans le cas d'incompétence totale ou de trop grande timidité de nos camarades, ils pourraient cependant se borner à les lire. Mais c'est là un pis aller. Je leur conseillerai à tous de s'essayer d'abord dans nos groupes, où ils ne sont entourés que d'amis et n'ont, par suite, pas à craindre la critique.

Ils se lanceront ensuite dans des réunions *privées* où l'on convoquera des citoyens susceptibles d'être amenés à nos idées, mais déjà favorables ; et enfin, ils aborderont les réunions publiques, qui réunissent souvent un bien petit nombre d'auditeurs dans les localités peu importantes.

Mais surtout, camarades, pas d'amour-propre déplacé ! Pas de fausse honte ! Celui qui est bien persuadé de ce qu'il veut dire, trouvera toujours moyen de s'expliquer, quelque peu d'instruction qu'il ait reçu.

Et s'exposer à quelques moqueries, n'est-ce pas encore un sacrifice à faire à notre sainte cause !

Avec l'aide de ces notes que je remets entre leurs mains, je crois qu'il n'est pas de militant susceptible de faire une bonne propagande.

J'y ajoute la liste des ouvrages les plus utiles à consulter. Que ceux qui peuvent se les procurer les étudient. Qu'ils les fassent acheter par leurs groupes lorsqu'on voudra fonder des bibliothèques, dont on recrute trop souvent les éléments au hasard et au petit bonheur.

C'est par cette éducation mutuelle que nous fortifierons l'idée socialiste dans les groupes, que nous la répandrons dans le public ignorant.

Et lorsque nos théories seront connues de tous, lorsque ce sera à des socialistes *conscients* que nous nous adresserons, nous n'aurons plus à redouter des échecs lamentables comme celui qui a inspiré ce travail.

Le règne des charlatans sera terminé !

Le succès sera aux sincères, aux véritables amis du Prolétariat !

PETITES
CONFÉRENCES ÉDUCATIVES

sur

LE SOCIALISME

Par le Dr L. GREFFIER

Secrétaire Général de la Fédération socialiste de l'Isère

❧❦❧

I

Coup d'œil sur l'histoire de l'humanité

Origines du Socialisme

Aussitôt que les hommes, sortis des périodes tout à fait primitives, se sont groupés en *sociétés*, les plus intelligents, ou encore ceux qui, alliés à des familles nombreuses, possédaient ainsi une influence prépondérante, ont cherché à dominer les simples d'esprit ou les isolés.

Certains se sont donnés comme des êtres à part, comme les représentants de ces divinités que les hommes commençaient à imaginer par suite de leur terreur des phénomènes naturels (inondations, grêle, orages, etc). Ce sont les *prêtres*. D'autres qui se distinguaient par leur adresse aux exercices du corps, par leur audace dans les entreprises guerrières, trouvèrent moyen de se faire élire comme chefs et devinrent les *seigneurs*. Prêtres et seigneurs ne tardèrent pas à s'emparer des terres, et à réduire ainsi à un rôle tout à fait subalterne le reste de l'association.

La guerre, continuelle entre ces divers groupements, permit de faire des prisonniers qui furent l'origine de « *l'esclavage.* » Tous les travaux pénibles furent confiés à ces esclaves qui n'étaient plus considérés que comme un bétail.

La marche des événements, la cessation des grandes guerres, la transformation aussi des idées, sous l'influence du christianisme, amenèrent la modification de cette situation.

Aussi, sous le régime de la *féodalité*, nous voyons l'esclavage remplacé par le *servage:* ce qui distingue essentiellement le serf de l'esclave, c'est qu'il peut constituer une famille, qu'il ne peut être vendu indépendamment de sa famille et du lopin de terre qu'il cultive. Mais à cela près, la différence est minime. Il est interdit au serf de quitter son lopin de terre. S'il s'enfuit, son maître exerce sur lui le droit de suite, c'est-à-dire le poursuit, et s'il le trouve, le punit cruellement. Il ne possède rien en propre : tout ce qu'il a est à son maître.

A son tour, le servage se transforme : nous avons le *vilain*. Celui-ci peut quitter la terre de son seigneur : il peut léguer ses meubles, ses économies à ses enfants. Il peut disposer librement de son travail et des fruits de son travail, *mais seulement lorsqu'il a payé à son seigneur le prix fixé par la charte d'affran-*

chissement : (sommé d'argent ou cens ; redevances en nature : blé, vin, foin, avoine ; journées de corvées.) En outre, les vilains étaient soumis à un grand nombre d'autres contributions : *péages* pour circuler sur les routes et franchir les ponts ; *aides* pour vendre les denrées au marché ; obligation du four banal, de pressoir banal, etc, qui appartenaient au seigneur auquel il fallait en payer la location.

Toutes ces exigences produisaient une misère profonde : cette misère a pour résultat, à diverses reprises des soulèvements plus ou moins importants, comme la *Jacquerie.* Mais ces émeutes sans but prévu, sans direction, ne peuvent aboutir, après des scènes de carnage, qu'à l'écrasement et à l'oppression plus grande encore des malheureux révoltés.

Aussi, à la veille de la Révolution de 1789, voyons-nous les paysans, presque aussi misérables que sous la féodalité, mais sans aucune idée de révolte : ils n'ont qu'une haine, celle des *nobles,* parce que ce sont eux qui les exploitent *directement.* Ils sont restés profondément royalistes et catholiques.

Les artisans des villes n'étaient guère plus avancés que les paysans.

A 8 ou 10 ans, ils entraient en apprentissage. Au bout d'un temps variable, mais qui ne tombait guère au dessous de cinq ans, ils passaient compagnons. Les lois interdisaient, sous les peines les plus rigoureuses, les coalitions entre compagnons pour améliorer leurs salaires ou se défendre contre les exigences patronales. Pour devenir patron ou maître, il fallait attendre qu'il y eût une place vacante. Pour être reçu maître, il fallait avoir fait son temps de compagnonnage légal, (2 ans chez les perruquiers, 4 chez les plombiers, 8 chez les bouchers), payer des droits assez élevés, passer une sorte d'examen professionnel qui consistait en la confection d'un chef-d'œuvre, (*Hervé*).

Mais il faut bien remarquer que les petits patrons vivaient pour la plupart de la vie de leurs ouvriers : ils travaillaient au milieu d'eux ; ils mangeaient à la même table et n'avaient guère plus d'instruction. S'ils étaient à l'abri des mauvaises affaires par l'absence de concurrence, il ne leur était pas facile non plus de faire fortune en s'élevant au dessus de leurs confrères.

Ce rapide historique était nécessaire pour nous faire comprendre comment, en 1789, il n'existait aucune idée de socialisme.

Les paysans, maintenus dans une ignorance absolue, croyaient arriver au bonheur rien qu'en supprimant les privilèges de la noblesse.

D'autre part, il n'y avait pas d'antagonisme réel entre les ouvriers et les patrons. Dans cet état de petite industrie, on arrivait patron à son tour : les inrêts des uns et des autres n'étaient pas hostiles.

Aussi ne trouvons-nous aucune trace de socialisme dans les *Cahiers* rédigés par les électeurs en 1789, pour être transmis aux Etats Généraux.

Les écrivains même si réputés de cette époque, les Voltaire, les Diderot, les Jean-Jacques Rousseau n'ont pas entrevu le socialisme.

Il n'en fut pas plus question pendant toute la durée de la Révolution.

Il nous faut arriver jusqu'en 1794 pour en voir les premières revendications dans les écrits de *Babœuf*, qu'on peut considérer comme *le père du socialisme actuel*, du *socialisme collectiviste*.

Le premier en France, avec netteté, il osa attaquer le principe même de la propriété individuelle que tous les hommes de la Révolution jusque là avaient considéré comme sacré. Pour Babœuf, la Révolution a échoué puisqu'elle a abouti à la formation de *deux classes* : l'une riche et opulente, l'autre pauvre et misérable. La richesse des uns est faite de la misère des autres. La République n'existera réellement que lorsqu'on aura supprimé l'inégalité des fortunes.

Pour y arriver, il ne s'agit pas de demander le partage des biens, comme l'avaient proposé quelques révolutionnaires. Au lendemain de la loi agraire, l'inégalité sociale reparaîtrait. Le seul remède, c'est de donner à la communauté, c'est-à-dire à l'Etat, les terres et tous les moyens de production. L'Etat organiserait le travail et répartirait avec égalité les produits. Il se chargerait de donner à tous les enfants une éducation commune, aux infirmes et aux vieillards une large assistance. *(G. Hervé. « Histoire de la France et de l'Europe ».)*

On voit que Babœuf avait conçu dans ses grandes lignes le socialisme scientifique actuel. Il avait compris *la lutte de classes* ; il avait vu le seul remède : *la nationalisation de tous les moyens de production.*

Mais le moment n'était pas venu de faire prévaloir ces doctrines : Babœuf, accusé de conspirer contre le Directoire, fut exécuté et de longtemps on n'entendit plus parler de *socialisme.*

L'inexistence du socialisme pendant toute cette période provient de causes que nous avons signalées succinctement, mais sur lesquelles il est nécessaire d'insister :

1° *L'ignorance des masses*, qui ne voient que les causes immédiates et tangibles de leur misère : impôts trop lourds, dispenses de charges pour la noblesse et le clergé, dépenses effrénées de la cour, etc.

2° *La situation économique*, toute. différente de ce qu'elle est actuellement.

Nous exposerons ultérieurement ce que c'est que la *conception matérialiste de l'histoire*.

Mais disons-en déjà un mot. Sous ce titre, l'illustre penseur **Karl-Marx** expose que ce ne sont pas les hommes qui guident les événements, quand même ces hommes s'appellent César, Napoléon ou Bismarck. Mais les événements dérivent de la *situation économique* régnante. En voici un bel exemple : nous le disions tout à l'heure : les artisans, vers 1789, étaient presque les égaux de leurs patrons. Ils pouvaient arriver au compagnonnage et à la maîtrise, c'est-à-dire au patronat. Ils n'avaient pas de motifs de haine contre des patrons qui travaillaient à leurs côtés, mangeaient à la même table, et qu'ils avaient l'espoir de remplacer un jour.

C'est que les grandes industries n'étaient pas encore nées.

C'est par un éclair de génie que Babœuf entrevoyait déjà *la lutte de classes*, l'antagonisme de la classe prolétarienne et de la classe bourgeoise.

Mais, peu à peu, cette situation économique se modifie. Arrive l'invention des *machines* qui va révolutionner l'industrie, détruire les petits ateliers, et édifier les grandes bagnes capitalistes actuels (Creusot, Anzin, etc.) C'est concurremment que l'idée socialiste va naître.

Un des plus illustres précurseurs du socialisme, **Charles Fourier**, fut, après Babœuf, celui qui analysa avec avec le plus de clairvoyance la situation économique de son époque et prédit l'avenir de la façon la plus lucide. « La féodalité nobiliaire, dit-il, fera place à la *féodalité financière.* »

Désormais, les parias de la société ne seront plus des serfs, des vassaux : ce seront des légions de prolétaires et de petits industriels, parfaitement libres en droit mais que la nécessité de vivre, la misère, livrent à la merci des détenteurs de la propriété et des instruments du travail. Les associations financières se forment de toutes parts. Les grandes entreprises se multiplient et commencent une lutte, dont l'issue n'est pas douteuse, contre les petits industriels. »

Fourier prévoit que les choses ne s'arrêteront pas là : quand les princes de la finance auront monopolisé le commerce et la fabrication, ils se rejetteront sur le sol, sur l'agriculture.

«Alors, dit-il, on verra se fonder des *Monts-de-Piété ruraux*, prêtant sur hypothèque territoriale. L'agriculture, dénuée de capitaux, s'y portera avec avidité. Mais bientôt, qu'arrivera-t-il ? C'est que ces institutions envahiront une grande partie de la propriété en se payant de leurs frais avec les lambeaux du sol. Les Monts-de-Piété ruraux, accumulant les propriétés territoriales, deviendront rapidement de grands centres d'exploitation, conduits avec art, bien pourvus de capitaux, et dont la concurrence sera terrible contre la propriété morcelée... Alors nous verrons les paysans, dépossédés de leurs petites propriétés, venir travailler comme journaliers dans les grandes fermes. Il n'y aura plus de serfs appartenant individuellement aux seigneurs, mais ce sera un servage collectif livrant les classes inférieures en masse aux déten-teurs de la richesse.»

Fourier, on le voit, avait prévu d'une façon des plus nettes la *concentration des capitaux*, si bien mise en lumière plus tard par Karl Marx ainsi que ses con-séquences. Le remède à cette menaçante échéance ne lui avait pas non plus complètement échappé.

On peut dire que Fourier a entrevu le collectivisme. Mais il lui manqua une notion prépondérante : celle de la *lutte de classes*. Il crut à l'union possible des possédants et des non-possédants. Il pensa que les capitalistes, par *philanthropie*, mettraient leur ar-gent au service des prolétaires. Aussi, dans l'Associa-tion qu'il rêve, une part des bénéfices est réservée au Travail, l'autre au Talent, la troisième au *Capi-tal*.

Ce fut là l'erreur fondamentale de son système. Si nous y avons insisté, c'est qu'il nous conduit, par une pente toute naturelle, au *socialisme scientifique* actuel.

Si ce *socialisme scientifique* a été proposé par les penseurs de tous les temps ; si Babœuf et Fourier notamment l'ont entrevu, personne ne lui a donné sa formule réelle avant **Karl Marx**. Le « Manifeste des Communistes, » rédigé par Marx et Engels, peut être appelé « la Déclaration des Droits du Prolétariat. »

Il établit les deux points capitaux qui vont fournir la base du collectivisme : la *lutte de classes* et la *con-centration capitaliste*. Or une fois ces deux points acquis, les conséquences coulent de source. Pour supprimer les classes et empêcher le Prolétariat d'ê-tre l'esclave du Capitalisme, il faut rendre au travailleur son instrument de travail ; *il faut nationaliser tous les moyens de production et d'échange.*

L'évidence de ces conclusions était telle qu'elle s'imposa au monde entier : actuellement, il n'y a plus d'autre école socialiste que *l'école collectiviste.*

Les socialistes de la « nouvelle méthode » peuvent bien renvoyer à un temps indéterminé la mise en pratique des théories collectivistes : ils n'osent pas néanmoins les renier, et les Jaurès, les Millerand et autres se déclarent, à l'occasion, « collectivistes ».

Cet historique nous a obligés à toucher à beaucoup de points qui paraîtront peut-être obscurs à un certain nombre d'auditeurs. Mais par la suite, lorsqu'ils se seront pénétrés de la théorie socialiste, ils en apprécieront tout l'intérêt.

———

II

Les bases du Socialisme

La lutte de classes

On peut dire que la notion de la *lutte de classes* est la base fondamentale du socialisme scientifique.

C'est pour avoir méconnu cette vérité que tous les précurseurs de Karl Marx n'ont édifié que des systèmes plus ou moins ingénieux, mais sans application pratique possible.

C'est dans le « Manifeste des Communistes », rédigé par Karl Marx et Engels, que la question de la lutte de classe a été bien posée pour la première fois. Les auteurs y indiquent que la lutte de classe a existé de tous temps :

« L'histoire de toute société jusqu'à nos jours n'a
« été que l'histoire de la lutte des classes. Hommes
« libres et esclaves, patriciens et plébéiens, barons
« et serfs, maîtres de jurandes et compagnons, en un
« mot oppresseurs et opprimés, en opposition cons-
« tante, ont mené une guerre ininterrompue, tantôt
« ouverte, tantôt dissimulée.... Dans la Rome antique,
« nous trouvons des patriciens, des chevaliers, des
« plébéiens et des esclaves ; au moyen-âge, des sei-
« gneurs, des vassaux, des maîtres, des compagnons,
« des serfs ; et dans chacune de ces classes des gra-
« dations spéciales.

« La société bourgeoise moderne, élevée sur les
« ruines de la société féodale, n'a pas aboli les anta-
« gonismes de classes. Elle n'a fait que substituer aux
« anciennes, de nouvelles classes, de nouvelles con-
« ditions d'oppression, de nouvelles formes de lutte.
« Cependant, le caractère distinctif de notre époque,
« de l'ère de la bourgeoisie, est d'avoir simplifié les
« antagonismes de classes. La société se divise de plus
« en plus en deux vastes camps opposés, en deux
« classes ennemies : la Bourgeoisie et le Prolétariat. »

Cet énoncé si clair nous montre combien est erronée la théorie que préconisent maintenant les soi-disant socialistes vendus à la bourgeoisie : les Sarraute, les Jaurès, les Millérand, les Zévaès, qui cherchent à substituer à la lutte des classes « la coopération des classes. »

Jamais la question n'a été aussi nettement posée qu'à notre époque.

En face des progrès de la grande industrie, quel espoir peut avoir l'ouvrier de sortir de sa misérable situation?

Montera-t-il, avec quelques capitaux empruntés, une usine métallurgique en face celle du Creusot où il y a des marteaux-pilons qui valent un million ; ou un petit magasin de nouveautés pour concurrencer les « Louvre » et les « Bon Marché ? »

Il n'y a même plus de capitaliste capable de gérer *seul* de pareilles exploitations. Elles sont forcément entre les mains de *Sociétés anonymes*.

Il y a mieux. Un nouveau phénomène se produit : ces sociétés anonymes elles-mêmes ont une tendance à se fédérer entre elles, à former des « Trusts » qui accaparent toutes les industries similaires : trust de l'acier, trust du coton, trust de la navigation. On voit même *des fédérations des trusts* comprehant à la fois par exemple les voies ferrées, la navigation et la fabrication de l'acier qui sert à la construction de ces voies ferrées et de ces navires.

Dans cet état de choses, que devient l'ouvrier? Un des rouages de la machine qu'il dirige.

Peut-il espérer s'élever jamais au-dessus de sa situation actuelle? Comment le ferait-il? Il n'a qu'un salaire dérisoire et l'habileté professionnelle n'entre plus en ligne de compte.

Comment même résisterait-il aux exigences patronales? Par l'association, sans doute. Par les syndicats. Par la grève! Mais quelle arme misérable en présence de ces puissants trusts qui possèdent dans leurs coffres-forts des millions et des milliards? Comment, avec les quelques centaines de francs éco-

nomisées par les ouvriers, lutter contre ces mons-
trueux organismes?

Dès lors, comment ne pas voir qu'à l'heure actuelle
l'humanité se divise en deux classes? Qu'il y a d'un
côté une classe privilégiée, la classe capitaliste, et de
l'autre, une classe dépossédée, la classe prolétarienne?

Allez-vous nous prétendre qu'à force d'économies,
de privations, le prolétaire peut sortir de sa classe
pour entrer dans la classe capitaliste? C'est le contraire qui se produit!

Les petits commerçants, les petits industriels, capitalistes en somme, si minime que soit leur capital,
tombent chaque jour dans le prolétariat, par suite de
l'impossibilité de lutter contre les grandes industries,
contre les grands magasins! Consultez chaque
semaine la liste des faillites ou des liquidations judi-
ciaires, et vous serez édifiés!

Raisonnons un peu.

Quel est le but du patron? *Augmenter ses bénéfices.*
Profiter de la *plus-value*, diminuer les salaires,
augmenter le nombre des heures de travail. LASALLE,
un des plus illustres socialistes allemands, a formulé
cette proposition comme une véritable loi économique, *la loi d'airain des salaires.*

Voici ce que veut dire cette expression :

A mesure que les salaires augmentent, les marchandises augmentent; si les marchandises diminuent, les salaires diminuent. En un mot, les patrons,
comme les commerçants, se règlent sur la *situation
économique :* et finalement les patrons ne paient
comme salaires à leurs ouvriers que le strict minimum

nécessaire à entretenir leur existence et celle de leur famille.

Quel est le but de l'ouvrier? *Améliorer sa situation,* obtenir l'augmentation des salaires, et la diminution des heures de travail. Ceci est au détriment des patrons, direz-vous? Mais qu'importe à l'ouvrier que le patron augmente son capital, qu'il vive dans le luxe? Tout au contraire, le patron doit être pour lui *l'ennemi,* dont on tire tout le possible, sans se préoccuper de ce qu'il peut en advenir.

Nous avons en face l'une de l'autre deux *classes* hostiles, qui n'ont pas de concessions à se faire.

Si du terrain économique, nous passons sur le terrain politique, la situation est absolument la même.

Les électeurs, prolétaires et ouvriers, devraient bien s'en persuader.

Quelles sont les réformes politiques qui intéressent les travailleurs? Celles qui les concernent et uniquement celles-là.

Eh bien, prenons des exemples.

Depuis des années, on promet aux travailleurs *une retraite pour la vieillesse.* Et immédiatement, on se retranche derrière le manque de ressources, et l'on déclare que la caisse de la vieillesse ne peut être assurée que par *l'impôt sur le revenu.* D'où rejet à une époque illimitée! !

Pourquoi?

Mais parce que les prolétaires choisissent pour les représenter au Parlement des capitalistes ou (ce qui est peut-être pire) des miséreux vendus par nécessité aux capitalistes.

Et vous attendez des capitalistes qu'ils s'imposent eux-mêmes pour vous être agréables? qu'ils augmentent d'une façon notable leurs impôts pour vous dégrever des vôtres?

Oh ! naïfs enfants! qui vous croyez le Peuple souverain !!

Mais ne voyez-vous pas ce qui se passe maintenant pour ainsi dire à chaque élection? Les capitalistes, qu'ils s'intitulent nationalistes, progressistes, radicaux, radicaux-socialistes, ou même socialistes-ministériels ou socialistes réformistes, tous ces capitalistes s'unissent, font *bloc*, contre les revendications prolétariennes représentées par les *socialistes révolutionnaires*, ceux qu'on qualifie actuellement de « guesdistes » ou de « collectivistes. »

Les travailleurs ne le comprendront-ils jamais? Se laisseront-ils éternellement duper par des comédies de « défense républicaine » ou « d'anticléricalisme? » Qu'ils se persuadent bien que toutes les fois qu'ils entreront en composition avec les partis bourgeois, ils seront *roulés*.

Pas de *collaboration de classes*, la lutte de classe. C'est ce que l'ancienne Internationale des travailleurs avait si bien compris et qu'elle avait traduit par cette maxime qui devrait être inscrite dans tous les locaux où se réunissent les socialistes :

« *L'Emancipation des travailleurs sera l'œuvre des travailleurs eux-mêmes.* »

III

Les bases du Socialisme

La nationalisation des moyens de production

Quand les théoriciens du socialisme. eurent conçu bien clairement la notion de la « lutte de classe, » quand, d'autre part, ils eurent établi celle de la « concentration des capitaux », ils eurent posé les bases du socialisme scientifique.

Le mal bien connu, les remèdes à y apporter apparaissaient nettement.

De fait, Fourier attendait, inutilement d'ailleurs, les millionnaires qui, par philanthropie, fourniraient l'argent nécessaire à la construction de ses phalanstères.

Et l'observation des faits répondait: Ces millionnaires n'existent pas et ne peuvent pas exister : car, leurs intérêts sont contraires à ceux des prolétaires ; jamais par suite, ils ne favoriseront ces derniers.

D'autre part, on se rendait compte de ce qui se passait dans l'industrie. On s'apercevait nettement qu'aucune lutte n'était plus possible. Après tous les sacrifices, toutes les économies, le petit capitaliste devait être forcément dévoré par le gros, par les compagnies anonymes, par les trusts ! Le temps des demi-mesures était donc passé et il fallait arriver à des résolutions susceptibles de produire des résultats.

C'est ainsi que Karl Marx et Engels furent amenés à poser les bases du socialisme scientifique : ils firent bien remarquer qu'ils ne tiraient rien de leur imagination, qu'ils se contentaient d'interpréter les faits qui se passaient sous leurs yeux.

Or, ce qu'ils avaient prévu s'est réalisé entièrement et à l'heure actuelle nous sommes en présence d'une « concentration capitaliste » plus marquée que jamais.

Et alors, à cette question : « D'où vient la misère ? » nous ne trouvons d'autre réponse que celle-ci : « De la mauvaise répartition des richesses. »

Les entrepôts sont remplis de marchandises qu'on ne peut vendre parce que les prolétaires n'ont pas d'argent pour les acheter. Et d'autre part, les pauvres manquent de pain et de vêtements qui sont empilés dans les magasins où ils ne trouvent pas preneurs.

D'autre part, à quoi servent les gros patrons, les gros actionnaires des compagnies anonymes ou des trusts ? Quel rôle jouent-ils dans la production ?

Voyons une gare de chemin de fer ; nous y trouvons des manœuvres qui portent les bagages ou poussent les wagons, des mécaniciens qui dirigent les locomotives, des chefs de gare qui règlent les horaires ; même des ingénieurs qui s'occupent des voies et des machines ; tous ceux-là sont des *salariés*, car on peut les chasser du jour au lendemain. *Mais, ce que nous n'y verron jamais, ce sont des actionnaires.*

Supposons-les donc par la pensée supprimés, disparus ; quel dommage en éprouvera la bonne marche du service ? Aucun.

Mais, d'autre part, que deviendraient les bénéfices énormes que se partagent actuellement les actionnaires oisifs ? Ils iraient à la Nation, qui aurait ainsi le moyen de supprimer les impôts, de pourvoir à l'éducation des enfants, à l'entretien des vieillards et des infirmes.

Et quel inconvénient voyez-vous à la suppression des oisifs ?

« Celui qui ne travaillera pas, ne mangera pas. » Telle doit être notre devise.

De ces considérations, est sorti le principe fondamental du socialisme scientifique :

« *Restituer à la Nation tous les moyens de production, de transport et d'échanges.* »

Cette transformation totale de la société actuelle ne manquera pas évidemment de soulever de nombreuses protestations de la part des intéressés, d'abord ; des ignorants, ensuite.

Nous aurons à revenir sur les voies et moyens que nous devrons suivre pour atteindre à ce résultat. Immédiatement j'indique que deux courants existent à cet égard parmi les socialistes-collectivistes : les uns inclinent à exproprier les capitalistes actuels *sans aucune indemnité* ; les autres, à les indemniser dans une certaine mesure.

Mais il est un autre ordre d'idées qui se trouve nécessairement soulevé par la question qui nous occupe.

Une des injures que nous adressent continuellement nos adversaires est l'épithète de « partageux », avec laquelle ils espèrent effrayer les inconscients et les ignorants.

Insistons donc un peu sur ce point.

Le partage des biens est une théorie qui a eu cours dans l'antiquité et nous voyons, dans l'histoire de l'ancienne Rome, les Gracques demander le partage entre tous les citoyens des terres conquises sur l'ennemi.

Mais l'état économique de ces sociétés était trop différent de celui qui existe actuellement pour que aucun enseignement puisse en ressortir pour nous.

Dans la situation économique actuelle, il est bien certain qu'un partage de terres est une utopie irréalisable. L'ouvrier des villes, pourvu de cette façon d'un lopin de terre dont il ne saurait que faire, l'aurait revendu le lendemain, et tout serait à recommencer.

Notre conception est toute différente : pour nous, le *travailleur doit être le maître de son instrument de travail*, que cet instrument soit la machine industrielle ou le sol producteur de récoltes.

D'où cette conséquence que l'ouvrier de l'industrie comme des champs ne doit pas être obligé d'aller demander du travail au patron, ou au directeur appointé par une société, lequel, dans ces conditions l'embauche au prix qu'il veut et dans les conditions qu'il veut.

C'est la *Nation seule* qui doit être maîtresse de ces grandes exploitations ; l'ouvrier, qui est un citoyen, doit être un « actionnaire » de toutes ces exploitations rendues à la Communauté, *nationalisées*.

Car remarquez bien que ce que nous voulons faire, ce n'est pas « la mine aux mineurs », ni la « verrerie aux verriers », conceptions coopératives destinées aux échecs et qui n'ont d'ailleurs rien de socialiste.

Nous ne voulons pas à un patron substituer une coopérative avec 200 ou 300 patrons associés.

Dans notre théorie, c'est la *Nation toute entière qui devient une vaste coopérative* : et les bénéfices de cette verrerie, de cette usine métallurgique, de cette exploitation agricole seront répartis, non pas entre les verriers, entre les métallurgistes, entre les ouvriers des champs *exclusivement*, mais tomberont dans l'unique caisse de *la Nation*.

Mais exproprierons-nous indistinctement tous ceux qui possèdent une parcelle de capital ? Ceci serait contraire au principe que nous venons d'énoncer et par lequel nous voulons rendre au travailleur son instrument de travail.

S'il le possède, nous n'avons pas à le lui restituer, et, par conséquent, encore moins à le lui enlever.

Si nous dépossédons les sociétés anonymes, les *trusts*, ou les patrons millionnaires, qui exploitent la chair humaine par leurs besoins de luxe et de jouissances, nous ne pouvons avoir l'intention, à la fois absurde et criminelle, d'exproprier la petite forge où le patron occupe un ou deux ouvriers, le petit magasin où deux ou trois employés travaillent avec le propriétaire, la petite exploitation agricole où le paysan trime tout le jour avec l'aide de ses fils, ou, par hasard, de deux ou trois journaliers embauchés pour la circonstance.

Ce n'est pas à ces *miséreux* que nous en voulons, mais aux exploiteurs de la chair humaine, soit dans les villes, soit dans les campagnes.

Ces divers points seront traités dans d'autres conférences.

IV

Propriété individuelle et Propriété capitaliste

La production sous le régime collectiviste

On accuse fréquemment les socialistes de vouloir *la suppression de la propriété individuelle*. Ce reproche s'appliquerait mieux aux anarchistes qui professent la théorie de la « prise au tas », dans laquelle chacun apporterait à la masse la somme de son gain, chacun y puisant ensuite suivant ses besoins.

Mais ce n'est nullement là la solution collectiviste : car nous considérons la manière de voir des anarchistes comme une utopie irréalisable au moins d'ici plusieurs siècles.

Les collectivistes ne veulent pas supprimer la propriété individuelle : ils veulent laisser à chacun la libre possession et la libre disposition des fruits de son travail.

Ils ne veulent même pas toucher aux *moyens de production*, tant qu'ils ne servent qu'à assurer au travailleur et à sa famille des moyens d'existence.

Jamais ils n'ont songé à reprendre au petit forgeron sa forge, au petit propriétaire son lopin de terre, etc., etc.

Nous faisons une différence capitale entre la *propriété individuelle* et la *propriété capitaliste*.

La propriété individuelle est celle qui est mise en valeur par son propriétaire lui-même et qui suffit seulement aux besoins de ce propriétaire et de sa famille.

Elle devient *propriété capitaliste* lorsqu'elle cesse d'être mise en valeur par son propriétaire ou lorsque, par son importance, elle dépasse les limites des besoins de ce propriétaire et lui permet ainsi de créer un *capital* qui lui servira à l'exploitation des non-propriétaires.

Il ne faut donc pas nous demander, comme on le fait quelquefois dans nos réunions, à combien d'hectares la propriété individuelle devient propriété capitaliste. La question n'est pas là : elle réside dans le fait de savoir à quel moment cette propriété permet l'exploitation des non-possédants et l'accumulation de capitaux qui concourt au même but.

La propriété rurale ne diffère d'ailleurs en rien de la propriété urbaine à ce point de vue : du moment où une industrie ou un commerce deviennent assez importants pour employer de nombreux salariés et pour accumuler des capitaux qui permettront de l'étendre encore ou de créer d'autres industries ou commerces similaires, la propriété individuelle est devenue *propriété capitaliste* qui devra être expropriée et faire retour à la Nation.

Bien loin de vouloir supprimer toute propriété, on peut dire que le collectivisme veut au contraire *généraliser la propriété*, mais sous une forme nouvelle qu'on pourrait, avec *Fourier*, appeler *la forme actionnaire*. Dans le système collectiviste, en effet, tout citoyen devient actionnaire de la *Coopérative unique* que constitue la Nation. Il touche, d'une façon ou de l'autre, sa part des bénéfices réalisés par le Pays tout entier.

Nous arrivons à une des objections qui nous est le plus souvent faite par nos adversaires :

Cette expropriation, disent-ils, n'est autre chose qu'*un vol*.

La question mérite d'être examinée :

Parmi nos amis, deux opinions existent à cet égard :

1° Les uns estiment que les détenteurs actuels de la propriété ont usé et abusé de leurs droits ; que, du capital exposé par eux, ils ont tiré des intérêts tels que depuis longtemps ils sont amplement dédommagés.

D'autre part, on doit tenir compte que les bénéfices dont ils ont profité ont été indûment prélevés sur le travail des prolétaires et ne constituent nullement un *droit*, mais un simple *privilège* qu'on peut et doit supprimer du jour au lendemain.

Ils sont donc d'avis d'exproprier tous ces capitalistes *sans indemnité*, en les faisant tout simplement rentrer dans le droit commun tel que nous le prévoyons dans la société future : c'est-à-dire que du travail sera assuré à ceux qui sont jeunes et vigoureux, *suivant leurs capacités naturelles*, tandis que ceux qui auront atteint l'âge de la retraite (50 ans dans la théorie collectiviste) auront droit aux secours accordés à tous les citoyens de leur âge.

2° D'autres théoriciens ont posé autrement la question : au-dessus du point de vue de droit, ils ont placé le point de vue humanitaire et aussi *l'intérêt politique* à ne pas se créer des ennemis irréconciliables. Ils admettent donc le principe de *l'indemnité*, qui peut d'ailleurs être compris de plusieurs manières quelque peu différentes : forme de *l'expropriation pour cause d'utilité publique*; transformation du capital exproprié en *rentes sur l'État*, au taux actuel de ces rentes, étant bien convenu qu'elles s'éteignent avec la personne.

Quelques-uns ont été plus larges encore : ils ont proposé de continuer à la première génération le paiement de ces rentes.

Ces solutions varieront évidemment suivant les moyens dont disposera l'État collectiviste. Ce sont, en somme, des solutions *politiques* et non des solutions *scientifiques*.

En nous plaçant au point de vue strict du *droit*, nous serions disposés à *refuser toute indemnité :*

1° Parce que l'origine de la propriété est en somme la spoliation des vaincus et l'usurpation des terres publiques par les nobles : cette propriété injustement acquise a passé depuis lors de main en main. Malgré quelques fluctuations, sa valeur s'est considérablement accrue : elle a enrichi ses propriétaires successifs. Spoliation d'abord et ensuite usurpation par quelques-uns des fruits du travail commun, telle est l'origine et telle est l'histoire de la propriété privée du sol. (H. PRONIER).

2° Parce que, si, avec le plus grand nombre des économistes, on fonde le droit à la propriété foncière sur le droit du travailleur aux fruits de son travail, le principe ne peut pas s'appliquer à ce qui n'est pas le fruit d'un travail, la propriété même du sol.

3° Parce que le droit de *premier occupant* qui a servi également à légitimer la propriété foncière, ne peut être cette base. Où et quand y a-t-il eu un premier occupant? Celui-ci n'a-t-il pas depuis longtemps été dépossédé par la violence ?

Le droit naturel à la propriété privée du sòl n'a été qu'une théorie pour expliquer un *état de fait*. A mesure que l'histoire révèle les transformations subies par la propriété foncière, ses partisans abandonnent le système du « droit naturel », pour le remplacer par des arguments tirés de *son utilité pratique et morale*. Mais cette utilité elle-même est très discutable et il est facile d'en démontrer le mal fondé. (*H. Pronier*).

Il résulte de ces considérations que l'expropriation *avec ou sans indemnité* peut également être acceptée.

Mais ce n'est ni des raisonnements, ni des théories, que découlera l'une ou l'autre solution, mais des *faits eux-mêmes*.

« L'avenir n'est à personne », a dit le poète.

Nous ne savons donc pas si nous pourrons nous acheminer par les voies légales à la réalisation de nos conceptions, ou si nous n'y arriverons que par quelque cataclysme.

Dans le premier cas, par esprit de conciliation, et pour éviter des révoltes et des représailles, le système de l'expropriation *avec indemnité* serait peut-être préférable.

Si, au contraire, la rénovation de la société résulte d'une violente conflagration, si la classe capitaliste essaie de résister par la force et par les armes, aucune conciliation ne sera plus possible et aucune indemnité ne sera accordée. Il en sera comme il en a été lors de la grande Révolution où les biens du clergé et de la noblesse furent confisqués purement et simplement.

De toute cette discussion, il résulte encore : que si les gros capitalistes, les gros propriétaires terriens, les chefs d'industrie peuvent craindre l'avènement du régime collectiviste, il ne peut en être de même de ceux qui, tout en n'étant pas de simples prolétaires sans aucune propriété individuelle, ne possèdent qu'un petit lopin de terre, une petite industrie, un modeste commerce. Non seulement ceux-là n'ont rien à craindre de l'avènement du collectivisme, *mais ils ont tout à y gagner.*

D'une part, en effet, leur propriété sera respectée. D'autre part, ils participeront au bien-être général qui résultera de l'application du nouveau régime, car ils seront, comme tous les citoyens, *les actionnaires de la grande Coopérative nationale.*

Or, il faut bien comprendre quels seront *les bénéfices* réalisés par cette coopérative, cette collectivité.

Il résulte des données les plus sérieuses de la statistique que, du fait de l'organisation collectiviste, la production et par suite la fortune du pays, subirait une augmentation considérable. En effet, il faut tenir compte de la disparition de tous les emplois inutiles et de tous les intermédiaires, qui se trouveront supprimés.

« Le chiffre de la population active de la France, dit notre ami *Deslinières*, est de 15.675.000, et il y en a 6.200.000 dont le travail est perdu. C'est-à-dire que sur 100 personnes qui travaillent, il y en a 40 qui ne produisent rien, tandis que sous le régime socialiste, tout le monde produira.

D'autre part, l'organisation collectiviste qui supprimera les terrains en jachère ou incultes, qui emploiera des moyens perfectionnés de culture, qui se livrera au drainage, à la construction des canaux, des routes, des chemins de fer, etc., qui se servira d'un outillage scientifique, pourra arriver *à tripler les récoltes.* Il faut s'attendre à des résultats analogues dans l'industrie et le commerce.

Cette production, *plus que triplée*, donnera à la grande *coopérative nationale* une prospérité dont il est difficile de se rendre compte, qui dépassera même les espérances que nous pouvons concevoir.

Et alors, de quoi se plaindraient-ils, nos petits industriels, nos petits commerçants dont un nombre toujours croissant sombre chaque année dans la faillite ?

De quoi se plaindraient-ils, nos petits cultivateurs, qui sur leur maigre champ, peinent toute l'année sans pouvoir arriver à économiser un sou pour leurs vieux jours ?

A une vie misérable aura succédé une vie large, sans soucis, où l'homme sera enfin digne de ce nom et non plus l'égal ou l'inférieur de la bête de somme.

———

V

L'action politique socialiste

La transformation de la propriété capitaliste actuelle en propriété collectiviste ou communiste est le but des socialistes.

Mais comment se fera cette transformation ? A l'heure actuelle, l'immense majorité des socialistes croient qu'elle ne pourra se faire que par la *main-mise sur le pouvoir*, que par la *conquête des pouvoirs publics* : (Parlement, Exécutif, etc.), et cela : soit par les *moyens légaux*, soit, s'il le faut, par les *moyens révo-lutionnaires*.

C'est pourquoi le Parti Socialiste de France prêche la lutte dans toutes les élections : (législatives, cantonales, municipales).

C'est pourquoi il engage les militants socialistes à envisager, dès aujourd'hui, la nécessité d'une action révolutionnaire *avec toutes ses conséquences*.

Telle n'est pas toutefois, nous devons le dire, la conception d'un certain nombre d'entre nous, qui comptent beaucoup sur l'*action syndicale*.

En développant les syndicats et en en perfectionnant l'organisation, ils espèrent créer une force ouvrière telle que la *grève générale* sera possible, et c'est par cette *grève générale* qu'ils pensent assurer la Révolution sociale.

Mais la *grève générale*, terme d'ailleurs assez vague, ne deviendrait une arme puissante que *si elle entraînait la suppression totale ou presque totale du travail*, dans une mesure suffisante pour entraver la vie de la Nation.

Il en serait ainsi d'une grève qui comprendrait par exemple les chemins de fer, les communications postales et télégraphiques, l'alimentation, l'éclairage.

Sans transports, sans correspondance, sans lumière et sans pain, l'existence de la Nation ne serait pas longtemps possible.

Mais une telle conception est-elle réalisable ?

Si un Comité central quelconque a assez d'influence sur la masse des travailleurs pour obtenir à heure fixe un pareil effort, c'est qu'il aura affaire à un prolétariat absolument conscient, absolument imbu de ses intérêts de classe.

Mais alors, avant d'en arriver à cette grève générale qui va les priver de pain eux et leur famille pendant un temps peut-être assez prolongé, qui va, en cas d'échec, les jeter à la rue sans ressources, les travailleurs n'auraient-ils pas commencé par se servir plutôt de l'action politique qui leur permet, au moyen d'un simple bulletin de vote, de s'emparer du pouvoir et de procéder par la voie légale à la transformation de la société ?

C'est pourquoi l'ancien Parti Ouvrier Français rejetait absolument la grève générale comme mode d'émancipation du prolétariat.

Il lui semblait que c'était là une arme inefficace sur laquelle il était impossible de compter. Toutefois, en présence de la popularité de la grève générale dans les milieux syndicaux, le Parti Socialiste de France dans lequel se sont fondues toutes les anciennes organisations révolutionnaires, n'a pas cru devoir la rejeter purement et simplement.

Sans la considérer comme une arme à recommander à ses militants, il s'est affirmé, au dernier Congrès de Lille, comme prêt à donner tout son concours à toute grève plus ou moins étendue ou générale qui paraîtrait susceptible d'amener un mouvement révolutionnaire.

En définitive, le Parti Socialiste considère *l'action politique* comme le moyen le plus pratique d'arriver à notre but émancipateur. C'est ce qui le sépare des anarchistes *qui la répudient absolument.*

Nous pensons que l'abstention complète et systématique en politique est une *duperie* qui n'a d'autre résultat que de laisser le champ libre à nos adversaires.

Remarquons en outre que, si cette méthode abstentionniste peut s'exercer dans les villes, *il est impossible de la faire comprendre aux habitants des campagnes,* qui, eux, ne peuvent pas se servir de l'action syndicale, et à qui, par conséquent, vous proposez de rester l'arme au pied, sans prendre aucune part à la lutte et en favorisant ainsi leurs adversaires. Une campagne abstentionniste, une campagne en dehors de la question électorale, est, à l'heure actuelle (1904), *impossible* à la campagne. Mon expérience de conférencier me permet de l'affirmer.

C'est par suite de ces considérations que le Parti Socialiste a porté ses efforts principaux sur la *conquête des pouvoirs publics* : députation, conseils municipaux et départementaux.

C'est même à ce propos qu'une scission des plus nettes s'est produite dans le Parti Socialiste dans ces dernières années.

Je veux parler de l'entrée de Millerand dans le ministère Waldeck-Rousseau.

Il s'agissait de savoir si c'était là une conséquence de notre tactique de la conquête des pouvoirs publics.

Etait-il conforme à la méthode socialiste d'entrer dans un ministère bourgeois à l'état d'unité ?

Les uns l'admirent, comme : Jaurès, Viviani, etc.

Les autres s'y opposèrent absolument avec J. Guesde, Vaillant, Lafargue et Zévaès lui même qui, à cette époque, fut un des plus acharnés opposants à cette « nouvelle méthode. »

Ces derniers faisaient remarquer qu'il n'y a aucune analogie entre les deux cas.

Autre chose est d'accepter de ses concitoyens un

mandat électif qui vous permet et vous oblige même à siéger constamment dans *l'opposition* au gouvernement capitaliste, autre chose est de participer à ce gouvernement. Membre du Ministère, vous assumez forcément la responsabilité de tout ce que fait le Ministère contre le Prolétariat. D'autre part, vous ne pouvez rendre à ce Prolétariat aucun service appréciable : car si vous proposez quelque réforme à tendance socialiste, elle sera certainement repoussée par vos collègues.

En outre, il y a cet inconvénient énorme que vous liez les mains aux députés de votre parti qui, pour ne pas renverser un ministre socialiste, sont obligés de soutenir le ministère tout entier, quelques fautes qu'il puisse commettre contre la classe des travailleurs. *Le ministre socialiste est un otage.* Tel a été absolument le cas de Millerand.

Aussi je n'hésite pas à dire que tous les anciens socialistes qui sont restés dans ce camp sont ou de simples ambitieux qui veulent arriver à leur tour aux portefeuilles, ou des inconscients, des suiveurs qui marchent derrière certaines personnalités.

Quoiqu'il en soit, il est résulté de cette expérience une scission dans l'ancien Parti Socialiste.

A l'heure actuelle, il y a en France deux grands groupements socialistes :

1° Le Parti Socialiste Français : c'est celui qui s'est laissé aller à ces compromissions avec les partis bourgeois, celui auxquel appartiennent Millerand, Jaurès, Viviani, et maintenant Zévaès, et que, par abréviation, nous appelons souvent le *Portefoin* ou la *Sociale-Lucullus.* (Portefoin est le nom assez drôle de la rue de Paris où siège le Comité directeur du Parti

Socialiste Français, qui s'intitule Comité Interfédéral.
Quant au nom de Sociale-Lucullus, il vient de ce que,
membre du Ministère ou vice-président de la Chambre,
les Millerand et les Jaurès ont pris part aux fêtes et
somptueux banquets donnés aux souverains étran-
gers.)

2° Le Parti Socialiste de France qui prend pour
sous-titre : Unité Socialiste Révolutionnaire. C'est le
parti des Guesde, des Delory, des Vaillant, de ceux
qui ne veulent pas de compromission avec la bourgeoisie. Vous le verrez souvent désigné dans les
journaux par abréviation, par de simples lettres :
P. S. D. F. ou U. S. R., qui se comprennent d'elles-
mêmes. Le Comité directeur du Parti porte le nom
de *Conseil Central* (C. C.). Toutefois un troisième
groupe beaucoup moins important comme nombre,
réclame sa place au soleil. C'est l'ancien groupe *Alle-
maniste* (Parti Ouvrier Socialiste révolutionnaire ou
P. O. S. R.), dont la raison d'être principale est son
adhésion à la Grève Générale qu'il considère comme
la meilleure arme révolutionnaire.

Les membres du P. S. D. F., cantonnés sur le
terrain de la *lutte de classes*, n'admettent pas la parti-
cipation au pouvoir, ni la collaboration des classes,
c'est-à-dire l'entente entre les exploiteurs et les
exploités. Ils pensent que nous n'avons aucune
concession à faire dans ce sens et que nous devons
respecter la célèbre devise de l'« Internationale des
Travailleurs » : l'Emancipation des travailleurs
sera l'œuvre des travailleurs eux-mêmes.

C'est sur ce terrain que s'est faite l'entente entre
les divers groupements socialistes qui s'étaient autrefois fondés à côté les uns des autres et dont les princi-

paux étaient le Parti Ouvrier Français (P. O. F.) ; le Parti Socialiste Révolutionnaire (P. S. R.) ; et l'Alliance Communiste (A. C.)

A Commentry, en 1902 et à Reims, en 1903, l'alliance a été complètement scellée entre ces diverses organisations qui forment maintenant le Parti Socialiste de France.

Nous sommes maintenant obligés de lutter contre la tendance du Parti Socialiste Français à s'unir aux radicaux et à participer aux gouvernements bourgeois.

Cette scission a malheureusement pour résultat *immédiat* de nous mettre en infériorité pour la conquête des mandats électifs. Mais ce n'est qu'un passage à franchir.

Quand, par notre propagande soit écrite, soit orale, nous aurons démontré à tous les socialistes la fausse manœuvre adoptée par les dissidents, ils reviendront tous au véritable Parti Socialiste, au Parti Socialiste de France.

VI

Programme général et Programme agricole du Parti Socialiste de France

Le Parti Socialiste de France, qui constitue maintenant l'organisation *unifiée* de tous les anciens partis socialistes révolutionnaires (Parti Ouvrier Français,

Parti Socialiste Révolutionnaire, Alliance Communiste), a rédigé au Congrès de Reims (1903) son Programme, qui d'ailleurs ne diffère de l'ancien programme du P. O. F. que par d'insignifiantes modifications.

Il rédigera en 1905 son *Programme agricole* ; mais tout fait prévoir que, comme dans les cas précédents, fort peu de changements seront apportés au Programme agricole du P. O. F.

Les considérants qui ouvraient le programme du P. O. F. méritent d'être reproduits ; car ils expliquent de la façon la plus concise et en même temps la plus claire l'esprit qui en domine toute la rédaction :

« Considérant,

Que l'émancipation de la classe productive est celle de tous les êtres humains sans distinction de sexe ni de race ;

Que les producteurs ne sauraient être libres qu'autant qu'ils seront en possession des moyens de production (terres, usines, navires, banques, crédits, etc.) ;

Qu'il n'y a que deux formes sous lesquelles les moyens de production peuvent leur appartenir :

1° La forme individuelle qui n'a jamais existé à l'état de fait général et qui est éliminée de plus en plus par le progrès industriel ;

2° La forme collective, dont les éléments matériels et intellectuels sont constitués par le développement même de la société capitaliste.

Considérant :

Que cette appropriation collective ne peut sortir que de l'action révolutionnaire de la classe productive, ou prolétariat, organisée en parti politique distinct ;

Qu'une pareille organisation doit être poursuivie par tous les moyens dont dispose le prolétariat y compris le suffrage universel transformé ainsi, d'instrument de duperie qu'il a été jusqu'ici, en instrument d'émancipation ;

Les travailleurs socialistes français, en donnant pour but à leurs efforts l'expropriation politique et économique de la classe capitaliste, et le retour à la collectivité de tous les moyens de production ont décidé, comme moyen. d'organisation et de lutte, d'entrer dans les élections avec les revendications immédiates suivantes : »

(Suivent les articles).

On voit qu'il est bien convenu par ces *considérants* que le Programme n'est en somme qu'un *Programme électoral*, qu'il ne contient que les revendications *immédiates* à faire valoir dans les Assemblées électives ; qu'il ne *constitue pas le but à atteindre*, lequel est la transformation de la propriété capitaliste en propriété collectiviste ou communiste par la nationalisation de tous les moyens de production.

Mais comme le disent dans l'avant-propos les citoyens Guesde et Lafargue, leur but a été de fournir à tous les militants du Parti un *arsenal* pour leur lutte quotidienne contre l'ordre actuel.

Il sert de *thème* aux conférences électorales, et empêche les candidats de s'écarter de la vraie doctrine socialiste.

Aussi ce programme et ses commentaires doivent-ils être étudiés par tous les militants, et nous ne pouvons que les renvoyer à la petite brochure si intéressante éditée par le P. O. F. Nous répondrons seulement dans cette conférence, aux objections le plus souvent présentées par les contradicteurs.

Deux articles surtout sont généralement visés : Ils portent dans le *programme unifié* du P. S. D. F., les numéros 9 et 10 (1) et sont rédigés en ces termes :

Art. 9. — Abolition de l'hérédité en ligne collatérale : limitation de l'héritage en ligne directe au bénéfice de la nation ou de la commune.

Art. 10. — Suppression de la dette publique.

L'art. 9 est évidemment l'une des clefs de voûte du système collectiviste ; il ne faut pas se dissimuler qu'il est à peu près inapplicable dans la société capitaliste où il est si facile de dissimuler et de dénaturer sa fortune.

Mais il devait figurer à l'état de *principe*. Car il n'y pas de régime collectiviste là où il y a transmission des moyens de production. Tout ce qui peut subsister de l'héritage sous ce régime, c'est la transmission en ligne directe des meubles, vêtements, tableaux, tous objets de *consommation* ; il en serait de même d'une somme de quelques milliers de francs parce qu'elle ne serait pas assez considérable pour devenir un *moyen d'exploitation*.

La transmission, au contraire, d'une fortune suffisante pour créer ou exploiter une usine, une fabrique, une vaste propriété agricole, aurait pour résultat de maintenir ou de récréer la société capitaliste et est en formelle opposition avec le système collectiviste.

Que signifiera d'ailleurs l'héritage, dans une société qui se chargera d'élever et d'intruire les enfants, de procurer du travail aux adultes, d'assurer des moyens d'existence suffisants aux vieillards et aux invalides ? En somme, cet article est plutôt jalon posé pour

____

(1) Dans le programme du P. O. F., ils portaient les n°ˢ 3 et 12. La rédaction de ce dernier a été légèrement modifiée au Congrès de Reims.

l'avenir, qu'une réforme immédiatement applicable.

L'art. 10 : Suppression de la Dette publique, est fréquemment attaqué aussi.

Il est facile de répondre aux objections présentées.

La Dette publique est la plus lourde des charges que supporte le pays.

Or, cette dîme annuelle de plus d'un milliard est servie en grande partie à de prétendus créanciers dont l'État n'a pas reçu un sou.

On peut citer rapidement quelques exemples :

Nous payons, chaque année, 7 millions en chiffres ronds pour les dettes des pays un moment réunis à la France (Belgique, départements de la rive gauche du Rhin, Piémont, etc.). Ces pays nous ont quittés, mais la dette nous est restée depuis 1815.

Les émigrés de la première Révolution nous coûtent encore 30 millions par an ; les princes d'Orléans, 600.000 francs ; les dettes de Louis XVIII, 1.400.000 fr. ; le majorat du duc d'Istrie, 8.000 francs ; l'indemnité aux esclavagistes dépossédés en 1848, 6 millions, etc., etc.

Quant aux petits porteurs de rentes, sur le sort desquels on veut nous apitoyer, il faut bien remarquer *qu'ils donnent plus à l'État comme contribuables qu'ils ne reçoivent comme rentiers.*

A 1 milliard 126 millions (chiffre officiel en 1884 et qui a dû monter depuis), le service de la Dette entraîne un impôt de 30 francs par chaque habitant, soit 120 francs par famille moyenne de quatre membres.

Or, 120 francs représentent un capital de 3.200 fr. placés en rente 3 0/0, au cours moyen de 80 francs.

Combien sont rares les familles ouvrières ou même

petites bourgeoises, dont le capital, placé en rentes sur l'État, atteint un pareil chiffre !

Il résulte de ces observations que la suppression de la Dette déchargerait chaque habitant de 30 francs d'impôts ; elle constituerait à chaque famille de quatre personnes une rente annuelle de 120 francs.

Programme agricole :

Le Parti Ouvrier ne s'est pas préoccupé uniquement du Prolétariat des villes : le Prolétariat des campagnes a également été l'objet de sa sollicitude.

Ici encore, nous recommanderons à tous les militants la lecture complète de la petite brochure éditée sous le titre de *Programme agricole du Parti Ouvrier Français*.

Nous ne pouvons qu'en indiquer l'esprit général. On peut dire que *pour la première fois* un parti politique s'est préoccupé des véritables prolétaires des champs, *de ceux qui ne possèdent aucune propriété* : pour ceux-là (bouviers, valets et filles de fermes), le Programme agricole demande un *minimum de salaire* fixé par les syndicats agricoles ou, à leur défaut, par les conseils municipaux, et la création de prud'hommes agricoles. Peut-être le nouveau programme contiendra-t-il pour les grandes exploitations *l'obligation de la journée maximum de huit heures.* Kautsky, le grand sociologue allemand, a démontré que, dans de très grandes fermes, cette obligation pouvait parfaitement être imposée, en employant deux équipes de travailleurs se succédant l'une à l'autre au moment des gros travaux.

A côté de ce prolétariat des champs, le Parti Ouvrier a compris, qu'étant donné le morcellement du sol qui existe encore en France, il devait se préoccuper des *petits propriétaires*, presque aussi malheureux que les sans-propriété.

Aussi une partie des réformes qu'il demande s'adresse-t-elle à cette catégorie de travailleurs ; telles sont : la suppression des droits de mutation pour les propriétés au-dessous de 5.000 francs ; la rédaction par des commissions d'arbitrage des baux de fermage et de métayage ; la suppression de la saisie-brandon, etc. ;

Signalons tout particulièrement que.dès l'époque de la rédaction de ce programme (1892 et 1894) le P. O. demandait la création d'une caisse de retraites agricoles pour les invalides et les vieillards, alimentée par un impôt spécial sur les revenus de la grande propriété ; et la transformation de tous les impôts indirects ou directs en un impôt progressif unique sur le revenu.

Tel est l'esprit de ce *programme minimum*. Mais ce qu'il convient de bien expliquer, c'est le but que se propose le P. O. *au lendemain de la Révolution*.

En effet, un des reproches que nous adressent constamment nos adversaires, c'est d'être des *partageux*, c'est de vouloir nous emparer du lopin de terre acquis à grand peine par le cultivateur, pour en faire profiter des fainéants.

Or, aucune affirmation de ce genre ne s'est jamais rencontrée dans les écrits des socialistes et, tout au contraire, nous lisons dans la petite brochure de propagande « Le programme du Parti ouvrier », rédigée par J. Guesde et Paul Lafargue, la déclaration suivante :

« Afin d'éviter toute fausse interprétation, nous devons faire remarquer que le lendemain de la révolution ouvrière, il ne sera possible d'exproprier que les possesseurs de moyens de production d'un usage collectif, tels que grands propriétaires fonciers, maîtres d'usines, de hauts fourneaux, actionnaires et obligataires de banques, de chemins de fer, de mines, de paquebots, etc. Aucun gouvernement révolutionnaire ne pourra et ne voudra exproprier le paysan cultivateur de son petit champ, le graveur de ses burins, l'ébéniste de ses rabots et de ses maillets. Mais un gouvernement révolutionnaire qui sera à hauteur de sa tâche les débarrassera des usuriers et des marchands qui les dépouillent et les aidera dans leur travail si pénible et si peu rémunérateur, jusqu'à ce qu'il parvienne à les convaincre par l'exemple de la supériorité de la production collectiviste sur la propriété individuelle. »

Les petits propriétaires ruraux n'ont donc rien à redouter du Socialisme collectiviste. Celui-ci, loin de les exproprier de leur petite propriété, les défendra contre les gros, contre les exploiteurs de toute espèce, en les dégrevant le plus possible de toutes les charges qui les écrasent à l'heure actuelle.

Il faut bien remarquer que cette théorie de l'expropriation des grands domaines et, au contraire, de la protection du petit propriétaire terrien, a été acceptée par l'*universalité du Parti socialiste*.

Kautsky, dans son ouvrage « *La Politique agraire du Parti socialiste* », est formel à cet égard.

« Les vues et les désirs, dit-il, que le Parti Socialiste a exprimé dans ses déclarations officielles et dans les livres de ses plus éminents représentants, ne sont nullement en contradiction avec les conséquences auxquelles nous sommes arrivés. **Nous n'y trouvons nulle part une demande d'expropriation des paysans.** »

Et plus loin : « *Liebknecht traite de pure folie l'expropriation des ruraux par le gouvernement révolutionnaire.* »

Le reproche d'être des « partageux » n'est donc qu'une arme de guerre entre les mains de nos adversaires. Nous devons le réfuter chaque fois que nous en avons l'occasion.

En même temps, nous devons montrer aux petits agriculteurs, aux petits propriétaires terriens, que, *loin d'avoir rien à redouter de la Révolution sociale, ils n'ont qu'à y gagner,* puisque les socialistes collectivistes ont, depuis des années, pris leurs intérêts et cherché à améliorer leur situation si précaire.

———

VII

Organisation de la Société collectiviste

I. — *Organisation de la production*

Une des questions qu'on nous pose le plus fréquemment, soit dans les réunions publiques, soit même dans les conversations particulières, est celle de l'organisation de la société collectiviste.

En effet, les citoyens qui nous ont entendu dénoncer les mauvais côtés de la société actuelle, à qui, d'autre part, nous avons exposé par bribes nos projets de réforme, voudraient se faire une idée totale de la vie d'une nation qui se conduira suivant nos théories.

Tout d'abord, une objection se présente : c'est que

seules, les grandes lignes de cette organisation peuvent être tracées. Quant aux détails, c'est perdre son temps que de chercher à les fixer d'avance. C'est écrire, non des ouvrages scientifiques, mais de simples romans, comme « En l'an 2000 », de *Bellamy*, comme « le Rêve de Pierre Davant », d'E. Fournière; comme même « l'Application du Système collectiviste », de notre camarade *Deslinières*. Et cela pour des raisons qui me paraissent indiscutables !

Nous ignorons en effet l'époque où, soit par une révolution violente, soit par une évolution pacifique plus lente, le système collectiviste pourra être mis en vigueur. Or, suivant que cette époque sera très rapprochée de nous, ou qu'elle sera plus ou moins éloignée, nos prévisions seront plus ou moins modifiées.

Si le résultat est proche, il nous est encore relativement facile de nous représenter le fonctionnement de la nouvelle société.

Si, au contraire, par suite de circonstances historiques, le système collectiviste est encore écarté pendant de longues années, il faut compter avec un grand nombre de facteurs, et notamment *avec les grandes inventions*, qui apparaissent depuis un siècle.

Supposons notamment réalisée *la direction des aérostats*. Les douanes disparaissent. Les montagnes ni les mers ne sont plus un obstacle aux communications ni aux transports. Il n'y a pour ainsi dire plus de distances, plus de nations. C'est un bouleversement économique qui met à néant tous les châteaux que nous avons édifiés en nous basant sur l'état économique actuel.

Néanmoins, il serait abusif de se baser sur ces prévisions pour nous refuser à toute réponse sur l'organisation de la société future.

Nous nous exposerions à cet autre grief que nous opposent certains adversaires, ignorants ou de mauvaise foi, qui nous accusent de n'avoir rien à offrir au lendemain de la Révolution.

Supposons donc la Révolution sociale effectuée à une époque très rapprochée de celle où nous sommes, *un an ou deux* par exemple.

Les premières mesures prises, suivant nos théories, seront certainement l'expropriation de la grande propriété foncière et de la grande industrie: chemins de fer, mines, raffineries, hauts-fourneaux, etc., et d'autre part : grandes exploitations agricoles, fermes étendues.

Tous ces grands *moyens de production* seront rentrés dans le domaine de la Nation. Ils seront devenus la *propriété commune* de tous les citoyens.

Mais en même temps, par suite de l'expropriation des capitalistes, par suite de la suppression de l'héritage, nous allons avoir à pourvoir aux besoins des enfants, des vieillards et invalides, et à assurer l'existence des adultes des deux sexes. Il nous faudra pour cela une puissante *production* : il faudra que la production tant agricole qu'industrielle, suffise à tous les besoins. *Car nous ne voulons pas créer l'égalité dans la misère, mais l'égalité dans l'aisance.*

Comment donc organiserons-nous cette production, base de tout notre système ?

Deux solutions se présentent :

Il en est, comme notre ami *Deslinières*, qui veulent avoir recours à un Gouvernement fortement *centralisé*. Ils comptent sur le Pouvoir Central, élu par une combinaison quelconque, pour s'entourer de tous les documents statistiques nécessaires, de manière à connaître parfaitement les besoins de la Nation et la part à réclamer à chaque industrie, et à ne se livrer qu'à une production simplement suffisante dans chaque branche industrielle ou agricole.

Dans cette théorie, ce seraient des agents du Pouvoir Central, des sortes de *préfets économiques*, qui devraient veiller à l'exécution des décisions prises par les Pouvoirs Publics.

Une seconde théorie (à laquelle je me rallierais beaucoup plus volontiers) est la théorie *décentralisatrice* : elle repose principalement sur l'intervention des *syndicats* dans la production.

C'est aux *syndicats ouvriers* que nous remettrions les grandes industries, ce sont eux qui seraient chargés de les mettre en valeur.

Pour les exploitations agricoles, il faudrait créer des syndicats qui n'existent pas encore ou qui ne sont qu'ébauchés. En attendant, *les communes* pourraient être chargées des mêmes fonctions.

Cette théorie de la production ne supprimera pas d'ailleurs l'intervention *d'un Conseil Supérieur du Travail* ou toute autre organisation similaire, chargé de fournir aux syndicats *des indications*, des données statistiques indispensables, et les invitant à s'y conformer le plus possible, dans leur propre intérêt et celui de la Nation.

Il a d'ailleurs été établi, notamment par notre ami *Deslinières*, que par suite de la suppression des oisifs, des intermédiaires de tous genres (voyageurs de commerce, agents de publicité, petits commerçants sans clientèle, etc., etc.), 6.200.000 travailleurs sur 15.675.000 habitants, soit 40 0/0, seraient rendus à la production.

Si l'on prend en outre en considération le perfectionnement de l'outillage, la mise en valeur des terrains actuellement en jachères ou en parcs inutiles, les grands travaux de drainage, d'irrigation, la facilité des transports, la création des routes, tramways, etc., que pourra seule réaliser la Société collectiviste puissamment riche, nul doute que le citoyen *Deslinières* ne soit plutôt au-dessous de la vérité en affirmant que *la production sera triplée.*

D'autre part, il faut bien remarquer que *le but même de la production* sera sensiblement modifié.

Le but actuel de la production est le *profit*. Et c'est de là que dérive cette situation paradoxale par laquelle les magasins regorgent de marchandises, tandis que les travailleurs sont obligés de s'en passer faute d'argent.

Sous le régime collectiviste, le point de vue change complètement. On ne produit plus *pour gagner*, mais pour pourvoir tous les citoyens des objets de consommation dont ils ont besoin.

La grande Coopérative nationale produit pour suffire aux besoins de tous et non dans un but de lucre.

Il est donc nécessaire qu'à côté de l'action syndicale il existe une action gouvernementale, régularisant la production au moyen des statistiques, en indiquant aux dits syndicats les besoins des populations et l'extension plus ou moins grande à donner à telle ou telle branche d'industrie.

Une organisation de ce genre, bien dirigée, est appelée à amener une prospérité indiscutable, étant donné surtout que les bénéfices ne seront plus accaparés par quelques capitalistes, mais deviendront *la propriété de la nation toute entière.*

Insistons, en effet, sur ce point que nous ne voulons pas faire *la mine aux mineurs,* ni *la verrerie aux verriers,* ce qui n'aurait d'autre effet que de créer de nouveaux patrons, comme il arrive dans les *Coopératives* bourgeoises. Ce que nous voulons, *c'est que les profits de toute l'industrie aillent à toute la Nation :* la Nation devient, en un mot, *une vaste et unique Coopérative.*

———

VIII

Organisation de la Société collectiviste

II. — Organisation du travail

III. — Organisation de la vie privée

La production devant être très fortement *poussée* en régime collectiviste, comment organisera-t-on le travail? Imposerons-nous à chacun une tâche sans tenir compte de ses goûts et de ses aptitudes? C'est un reproche qu'on nous fait souvent, mais que nous ne méritons pas. De fait, telle n'est aucunement notre intention ; car ce serait substituer à l'état misérable actuel une tyrannie infiniment plus pénible encore. Tout au contraire, et étant donné qu'en régime collectiviste *tout le monde devra travailler,* il faudra, comme l'a si bien compris Fourier, *rendre le travail attrayant*, en confiant à chacun la tâche qui lui sourit.

Qu'on ne vienne pas nous dire que les travaux manuels seront délaissés, parce que tout le monde voudra être poète, peintre ou ingénieur. La vérité est qu'il n'y a rien de plus variable que les goûts et qu'à bon nombre le travail manuel paraît beaucoup moins pénible que le travail intellectuel; de même qu'un travailleur de la campagne aime infiniment mieux être occupé dans les champs qu'enfermé dans un bureau ou un atelier. Personne n'ignore que Louis XVI aurait été un serrurier distingué s'il n'était pas né sur les marches du trône. D'ailleurs, la réduction des journées de travail à 8, à 5, à 4 heures peut-être, modifiera singulièrement la situation. Car, son travail obligatoire terminé, il restera à chacun plusieurs heures qu'il pourra employer à sa fantaisie.

D'autre part, les progrès du machinisme supprimeront dans un bref délai ce qu'il y a de plus pénible ou de plus répugnant dans certains travaux. Le « tout à l'égout » a déjà simplifié dans une grande limite la désagréable besogne de ces « vidangeurs » dont on nous parle si souvent.

Les cantonniers cassent encore des cailloux à la main; mais, quoi de plus probable que l'invention prochaine d'un « concasseur » puissant qui se chargera de cette tâche?

On nous demande également qui accomplira la tâche des *domestiques* actuels. Mais déjà le nombre des domestiques *attachés à la personne*, diminue dans une notable quantité. Ils tendent à être remplacés par des travailleurs libres, venant pendant quelques heures se livrer aux gros nettoyages, ou par des mères de famille se chargeant également pendant quelques heures seulement de la cuisine ou du blanchissage, etc., etc.

En vérité, il n'y a pas à s'arrêter à de pareilles questions de détail qui se résoudront d'elles-mêmes. Notons toutefois une ingénieuse idée de *Bellamy* dans son roman : « En l'an 2.000 ». Les citoyens n'ayant plus à faire de service militaire, ils seraient astreints pendant quelques années à un « service économique » pendant lequel ils rempliraient les fonctions les moins recherchées et pour lesquelles la Nation manquerait de volontaires.

Au sujet de la répartition du travail, le P. O. F. et ses théoriciens ont émis une théorie qui mérite toute notre attention, tellement elle paraît en effet judicieuse. Elle va d'ailleurs nous conduire à la question de la répartition des salaires à laquelle elle est étroitement liée.

Ils proposent de rémunérer les diverses professions suivant leur degré de *pénibilité*. De cette façon, on peut admettre, ou bien que l'heure de travail recevra une rémunération double ou triple dans certains métiers, ou bien que le nombre d'heures de travail (à rémunération égale) sera diminué dans la même proportion. Il arrivera par suite qu'une balance s'établira. Les métiers trop recherchés verront leur salaire diminuer ou leur nombre d'heures s'accroître : par suite, les ouvriers de cette profession l'abandonneront pour une autre plus lucrative : et de cette façon, l'équilibre s'établira de lui-même.

Cette discussion nous amène à traiter la *question des salaires*. Y aura-t-il des salaires dans la société collectiviste? Le mot importe peu : il faudra bien rémunérer le travail d'une façon quelconque.

La base de cette rémunération sera la répartition entre les citoyens des bénéfices de la *Grande Coopérative* que représentera la Nation. Mais ces bénéfices seront-ils répartis entre tous les citoyens, sans se préoccuper du travail qu'ils ont produit; se réglera-t-on, au contraire, sur le travail qu'ils ont réalisé?

Faudra-t-il prendre pour mesure l'heure de travail, sans se préoccuper du genre de travail? L'heure du graisseur de roues sera-t-elle payée au même prix que celle de l'ingénieur?

Grave question qui divise les meilleurs esprits !

Le plus grand défaut de cette *égalité* des salaires, c'est de supprimer l'émulation.

Je crains que nous n'ayons plus alors que des *employés* qui se débarrasseront le plus vite possible de leur corvée, sans chercher à bien faire.

Il serait préférable de payer l'heure de travail à un taux différent suivant les professions : *à condition toutefois qu'il n'y ait pas un écart trop considérable.* Il y aura ainsi des conditions suffisantes d'émulation.

Remarquons, d'ailleurs, que nous serons dans une situation toute différente de celle qui existe actuellement :

De fait, sous le régime collectiviste, l'enfant est dès sa naissance le pupille de la Nation. Tous reçoivent la même instruction; tous ont à leur disposition les mêmes moyens de parvenir. Ils n'ont donc à s'en prendre qu'à eux-mêmes s'ils restent dans des situations inférieures : ce qui ne pourra résulter que de leur paresse ou de leur manque d'intelligence. Et à côté de cela, la différence qui existera entre leurs salaires et celui des plus favorisés sera loin d'être ce qu'elle est actuellement. Ils seront toujours assurés de moyens d'existence suffisant pour vivre dans une aisance relative.

Une autre mesure nous paraît également indispensable : la société collectiviste ne sera pas une société barbare, vivant uniquement pour vivre ; elle cultivera les sciences, les arts, l.. poésie, tout ce qui relève le niveau moral de l'homme.

Il faudra donc absolument favoriser les efforts des *intellectuels* de toutes sortes, et cela par des subventions qui leur seront des moyens d'encouragement. . Aussitôt qu'ils auront produit quelque œuvre qui atteste leur valeur, ils pourront être *mis en congé* et dispensés du travail obligatoire, pour les laisser entièrement suivre la voie que leur ouvre leurs dispositions particulières.

II. — *Organisation de la vie privée sous le régime collectiviste*

Étant données les bases que nous venons d'assigner à l'organisation de la production et du travail, il nous est permis maintenant de nous demander quelle sera la *vie privée* des citoyennes et citoyens sous le régime collectiviste.

Vont ils vivre dans de grands phalanstères, comme le rêvait Fourier ? Avons-nous l'intention de faire de notre pays une vaste caserne où tout le monde se lèvera au coup de clairon, mangera la même nourriture, habitera des logements identiques, et mènera une vie militaire dans une promiscuité bestiale ? C'est ainsi que nos adversaires représentent, en effet, la société collectiviste dans leurs discours et leurs écrits.

La vérité nous paraît toute différente et il est utile d'y bien insister.

Toute personne qui veut étudier le socialisme, même d'une façon très succinte, doit comprendre la différence capitale qu'il y a entre les *moyens de consommation* et les *moyens de production*.

Un exemple va rendre la chose très claire :

Vous possédez un immeuble que vous habitez : il ne vous rapporte rien : mais vous jouissez du logement. Votre immeuble est un objet de *consommation*.

Au contraire, vous ne l'habitez pas : vous le concédez à des locataires qui vous paient un loyer : il vous rapporte une certaine somme par an : c'est un moyen de *production*.

Or, ce que les socialistes veulent nationaliser, ce sont les moyens de production, car ce sont eux qui, én créant le capital, permettent à ceux qui les détiennent d'exploiter les autres. Telles sont, par exemple, les grandes industries, les mines, les raffineries, ou la grande propriété terrienne.

Mais quant aux objets de consommation, jamais les socialistes n'ont eu l'intention de les nationaliser. Ce sont les anarchistes-communistes seuls qui préconisent cette théorie de la *prise au tas*, dans laquelle chacun apporterait à la masse tout le fruit de son travail, et où chacun à son tour puiserait dans ladite masse suivant ses besoins.

Dans la théorie collectiviste, au contraire, chacun conserve de par devers lui le fruit de son travail : chacun l'emploie à sa guise, à se procurer les moyens de *consommation* qu'il lui plait. Chacun donc, suivant la manière dont il équilibrera son budget, peut se procurer, qui un logement plus somptueux, qui des vêtements plus élégants, qui une nourriture plus raffinée ; le tout. n'étant subordonné qu'au chiffre d'argent dont il dispose : c'est d'ailleurs absolument ce qui se passe aujourd'hui.

Seulement, il ne peut plus employer cet argent (en supposant qu'il lui en reste) à acquérir des *moyens de production* (obligations de chemin de fer, rentes sur l'Etat, actions de telles ou telles industries), puisque tous les *moyens de production* sont la propriété de la Nation, comme le sont, à l'heure actuelle, les routes, les postes et télégraphes, les musées et bibliothèques, etc., etc.

Mais, à quoi (si la chose était possible) servirait-il d'entasser et de gagner de l'argent dans la société collectiviste ?

On n'a plus à s'occuper de l'instruction des enfants, ce qui est un service public ; plus à craindre pour ses vieux jours, l'assistance à la vieillesse incombant également à la Nation ; et quant à l'âge adulte, la Société Collectiviste doit fournir à tous du travail, ou s'il n'y en a pas, les indemniser quand même. Aucun souci désormais ; aucun besoin d'amasser soit pour ses derniers ans, soit pour l'éducation des enfants, soit pour les périodes de chômage.

Est-il besoin de répondre à cette invention stupide qui consiste à dire que nous voulons la *communauté des femmes* ?

La femme, en régime socialiste, est l'égale de l'homme : elle est libre de sa personne. Rien ne l'empêchera donc de changer à son gré de compagnon ; mais rien ne l'y obligera non plus.

La famille est, en somme, la forme naturelle de la

société humaine. Il est donc bien probable qu'elle subsistera telle qu'elle est actuellement. L'institution du mariage, telle qu'elle règne à notre époque, disparaîtra peut-être et sera remplacée par *l'union libre :* mais celle-ci ne sera ni la prostitution ni la débauche, comme le disent volontiers nos adversaires, mais un libre mariage, débarrassé des liens légaux, basé uniquement sur la sympathie réciproque, et infiniment plus moral que le maquignonnage actuel qui n'est le plus souvent qu'une question de dot ou de situation sociale.

Au même ordre de considérations ressort le reproche que nous font nos adversaires de vouloir enlever les enfants à leurs mères pour les élever dans des nursery ou des hôpitaux.

Jamais idée aussi peu humaine n'a pu hanter le cerveau de pères de famille. Si la société collectiviste a pour devoir de se charger des enfants orphelins ou de ceux dont les parents par leur inconduite, par exemple, seraient reconnus incapables et indignes, elle n'a aucun motif de séparer les bébés des parents consciencieux et honnêtes.

Elle laissera « les enfants à leurs mères », comme dit une chanson populaire, en aidant celles-ci à faire cette éducation. Aussitôt les enfants en âge de suivre des cours, elle leur distribuera l'instruction intégrale, la même pour tous, jusqu'au moment, où, pourvus des notions élémentaires, ils manifesteront des aptitudes spéciales qui les feront passer dans les écoles supérieures par voie de concours. C'est ainsi que se fera la sélection pour les diriger vers telle ou telle carrière.

Ainsi, au début de la vie, point de départ le même

pour tous, les degrés d'intelligence et de zèle *seuls* amèneront des différences dans les situations occupées, différences qui ne seront d'ailleurs jamais comparables à ce qui existe actuellement.

IX

Réponse aux principales objections contre le Collectivisme

I. — *Le Collectivisme détruit la liberté individuelle*

Le citoyen, dans la société collectiviste, devient, nous dit-on, un soldat. On lui commande sa tâche; il n'a pas d'initiative propre à développer. Que cela lui plaise ou non, il doit travailler *tant* d'heures par jour, à tel travail qui lui est imposé. Il n'a pas le droit de se loger comme il veut, de se nourrir comme il veut, de s'habiller comme il veut. C'est un cheval à l'écurie, bien nourri, mais esclave.

Tissu d'erreurs!

Le régime collectiviste n'implique aucunement cet état *animal*, bien au contraire. Il demande à tous les citoyens de concourir à la production nécessaire à la vie de la Nation; et, dans ce but, il leur impose un certain nombre d'heures de travail. Mais ce travail, chaque individu le choisit suivant ses aptitudes et ses dispositions. Le peu de durée qu'aura d'ailleurs la journée de travail en régime collectiviste (cinq heures et moins), lui laisse un temps considérable à employer suivant ses goûts.

Quant aux détails de la vie privée, aucune réglementation n'existera à cet égard.

Chaque citoyen, ayant acquitté le temps de travail imposé et reçu en échange sa rémunération (qui sera, en somme, la distribution des bénéfices réalisés par la grande Coopérative Nationale), chaque citoyen, dis-je, aura le droit d'employer cette somme *comme bon lui semblera*. Il n'y a donc là aucune unification du logement, de la nourriture, de l'habillement, rien de *militaire*. La liberté de chacun est absolue.

Mais ce qu'il faut bien faire remarquer à nos adversaire, c'est que *c'est précisément sous le régime actuel que la liberté individuelle n'existe pas*.

Celui qui n'a pas de fortune personnelle et qui doit, par conséquent, demander du travail salarié aux capitalistes, celui-là est privé de toute liberté individuelle.

La Révolution de 1789 a fait, à ce sujet, une complète *banqueroute*. Elle a donné à tous les citoyens la *liberté politique*. Mais cette liberté *n'existe pas* pour les salariés.

Il n'est pas un salarié qui n'en n'ait fait l'expérience, quelquefois douloureuse.

Le citoyen, employé chez des patrons, est-il libre de son bulletin de vote? Le salarié d'une Compagnie ou de l'Etat peut-il être appelé à une fonction élective quelconque? Ne vous souvenez-vous déjà plus du citoyen *Vaillandet*, élu maire de Bourges, mis en demeure d'opter entre son mandat de maire et sa situation dans l'Instruction Publique? Un employé de commerce peut-il être porté sur une liste électorale municipale sans être chassé par son patron ? N'a-t-on pas vu, à Roubaix et autres bagnes capitalistes, les ouvriers menés au vote par les contremaîtres, après avoir reçu dans la main le bulletin qu'ils devaient déposer ?

Les petits commerçants, les cafetiers, en sont-ils pas obligés de dissimuler leurs sentiments véritables, et souvent d'agir contre leur conscience pour conserver leur clientèle aristocratique ?

Les diverses *Croix* ne donnent-elles pas une liste des commerçants *bien pensants*, mettant ainsi à l'index tous les autres, principalement dans les petites villes ?

Voilà la liberté individuelle sous le régime capitaliste !

Que vient-on donc nous parler de l'abolition de la liberté individuelle sous le régime collectiviste?

Il n'y aura plus de patrons, plus d'exploiteurs ; chacun sera donc absolument libre en toutes choses.

Une seule liberté sera supprimée, et véritablement je ne crois pas que personne puisse s'en plaindre, *c'est la liberté de rester oisif, en exploitant les autres.*

II. — *Le Collectivisme détruit toute émulation*

Un autre reproche que l'on fait souvent au collectivisme, c'est de détruire toute *émulation*.

Nous n'aurons plus, dit-on, que des *employés* se débarrassant le plus vite possible de leur besogne, sans aucun désir de bien faire.

Il n'en sera pas ainsi si l'on suit la méthode indiquée par bon nombre de nos meilleurs théoriciens.

Ne pas unifier les salaires : mais les augmenter à mesure que le travailleur monte en grade, *sans toutefois que ces différences puissent devenir considérables* :

Accorder aux inventeurs, aux chercheurs, des récompenses : les dispenser du *travail obligatoire*, aussitôt qu'ils auront fait leurs preuves, de manière à leur laisser tout le temps nécessaire à leurs études spéciales.

Conserver pour ces utiles citoyens des *marques honorifiques*, actuellement dispensées aux agents électoraux et aux capitalistes qui *arrosent* les ministres.

Il faut d'ailleurs tenir compte de ce fait, qui honore en somme l'humanité, que ce sont généralement les plus grands génies et les travailleurs les plus intelligents qui se livrent à leurs recherches sans se préoccuper de la *rémunération* qu'ils en tireront. Ils se contentent de la satisfaction du devoir accompli et de la considération qui rejaillit sur eux.

Pasteur, Roux, M. et Mme Currie ont-ils passé leurs vies dans les laboratoires, dans l'espoir d'une fortune à gagner ?

Si tel eût été leur but, ils l'auraient bien plus vite atteint à la Bourse ou dans les antichambres ministérielles !

Si nous faisons état de cette disposition d'esprit, si nous considérons d'autre part que le régime collectiviste modifiera certainement la tendance égoïste actuelle, et l'orientera vers l'*altruisme*, nous n'avons pas à craindre cet *abrutissement* dont on nous menace.

Les citoyens, membres de la Grande Coopérative nationale, auront à cœur de la faire prospérer : ils déploieront leur zèle pour une cause qui, en somme, sera la leur et à laquelle ils consacreront volontiers leurs efforts et leur intelligence.

III. — *Le Collectivisme n'est autre chose que le partage*

Les collectivistes, dit-on, sont des **partageux**. (Cette objection nous est surtout faite à la campagne). Ils veulent s'emparer des terres acquises par les petits cultivateurs, pour les distribuer aux fainéants des villes.

Deux réponses doivent être faites à cette observation :

1° Le partage, autrefois mis en vigueur, ou du moins proposé dans la Rome antique et dans la Grèce, est un moyen sans aucune efficacité au point de vue de la transformation sociale.

En effet, la situation produite par cette mesure ne peut durer. Ceux à qui les travaux agricoles ne plaisent pas, les paresseux, les hommes de faible complexion y renonceront presque tout de suite. Ils céderont leurs terres à d'autres et retomberont rapidement dans la misère dont ils se plaignaient auparavant.

Aussi, en dehors de toute question d'équité, les écoles socialistes actuelles repoussent-elles toute idée de partage.

2° Mais, en dehors de la question d' « utilité », le partage ne peut pas cadrer avec les théories socialistes actuelles.

Voici pourquoi :

Le but des socialistes est de rendre à chaque travailleur son instrument de travail. C'est pourquoi ils demandent le retour à la Nation des grandes industries : forges, mines, raffineries, etc., de façon à ce que les moyens de production soient désormais en la possession de la Nation. De cette façon, les bénéfices produits étant répartis entre tous, on pourra dire que tous sont propriétaires des moyens de production et, par conséquent, de leur instrument de travail.

Quel est l'instrument de travail du paysan? C'est la terre. Si donc il le possède, il n'y a aucun motif pour le lui enlever. Voulant rendre à chacun son instrument de travail, il n'y a pas à s'occuper de ceux qui l'ont entre les mains.

Mais les gros propriétaires terriens, qui possèdent des kilomètres de terre dont ils ne se préoccupent que pour en toucher les fermages, ceux-là possèdent des *moyens de production* absolument analogues aux mines, aux raffineries ou aux hauts-fourneaux. Ce sont là ceux que nous voulons exproprier, pour faire profiter de ces terres ceux qui en sont dépourvus ou n'en possèdent qu'une quantité absolument insuffisante pour assurer leur existence et celle de leur famille.

C'est ainsi, d'ailleurs, que nous pouvons répondre à une question qui nous est souvent posée :

« Où s'arrête, nous demande-t-on, la petite et la grande propriété et sur quoi vous fonderez-vous pour exproprier celle-ci et non celle-là? »

Nous venons de faire la réponse.

Il ne s'agit pas d'une question de kilomètres, car un mètre carré en Bourgogne ou dans le Médoc vaut plus d'argent que 100 mètres carrés dans les Landes.

Mais il s'agit de savoir si la propriété en question est pour ses propriétaires un moyen de *consommation*, destiné à leur fournir leurs moyens d'existence, ou un moyen de *production*, par lequel il leur est loisible d'exploiter le travail des autres et de constituer un capital susceptible d'augmenter cette exploitation ou d'en acquérir d'autres.

C'est là la distinction formelle à faire entre la propriété *capitaliste* et la propriété *individuelle*. Ennemi résolu de la première, le Socialisme ne s'attaque nullement à la seconde, qu'il cherche au contraire à protéger.

———

X

Réponses aux principales objections adressées aux collectivistes

I. — Les collectivistes, se proclamant internationalistes, sont des « sans-patrie »

Nous sommes souvent, on peut dire, insultés, par de soi-disant patriotes qui nous reprochent d'être des ennemis de la France, et de vouloir la livrer à l'Allemagne.

C'est là une accusation absurde autant qu'odieuse. A la vérité, nous ne comprenons pas le patriotisme comme les Déroulède ou les Lasies, qui s'en font un tremplin politique : nous nous indignons lorsque nous lisons, dans certains manuels destinés aux Ecoles : « que celui qui ne hait pas l'étranger n'aime pas sa patrie ».

L'idée de patrie comprise de cette façon étroite nous parait insensée. Nous déclarons au contraire que nous considérons comme nos frères les prolétaires du monde entier, tous ceux qui peinent et qui souffrent et que nos véritables ennemis, ce sont les exploiteurs capitalistes, qu'ils soient Français ou Allemands.

Et d'ailleurs, n'en n'est-il pas de même du côté des capitalistes ? Qu'y a-t-il de plus internationalistes que les Rotschild qui ont des banques dans tous les pays, et règnent ainsi sur le monde entier par la puissance de l'or ?

Les journaux ne nous annonçaient-ils pas qu'une entente s'était faite entre Schneider (du Creusot) et l'Allemand Krupp pour fonder une usine métallurgique, en Asie-Mineure, où la main-d'œuvre est pour rien, et où canons français et canons allemands se seraient fraternellement fondus côte à côte ?

Récemment, un grand industriel de Grenoble créait *en Allemagne* une succursale pour éviter les droits de douane.

Les capitalistes sont vraiment les « sans-patrie », car leur patrie c'est partout où il y a à gagner ! Ces mêmes capitalistes ont donné bien souvent l'exemple d'appeler l'étranger à leur secours pour écraser les révolutions prolétariennes. Louis XVI n'a-t-il pas déchaîné l'Europe Monarchique contre la France Républicaine ? Thiers ne s'est-il pas servi de l'armée allemande pour se protéger contre le mouvement communaliste ? A l'heure actuelle même, les regards de nos nationalistes ne sont-ils pas tournés vers la Russie pour lui demander aide et protection en cas de besoin ?

Mais, en dehors de ces considérations, il faut bien préciser ce point : c'est que nous avons besoin d'une France forte et puissante pour donner la première le signal de la transformation de la société capitaliste en propriété collective. Nous ne voulons donc nullement la mettre à la merci des voisines, et si nous demandons la suppression des armées permanentes et l'armement de la Nation, c'est qu'il a été démontré par des hommes compétents que des « milices nationales » étaient absolument aptes à défendre le territoire tout aussi bien que les armées actuelles.

Nous ne sommes ni des vendus ni des imbéciles !

II. — Les collectivistes ne veulent pas de réformes. — Partisans du tout ou rien, ils veulent la plus grande misère pour amener la Révolution !

La meilleure réponse à cette objection se trouve dans la précédente conférence sur le programme général du Parti Ouvrier et son programme agricole (Conférence VI.) Le P. O. a toujours cherché, en effet, en attendant la transformation complète qu'il rêve, à améliorer, dans la limite du possible, le sort des travailleurs, et à rendre moins pénible la période de transition que nous traversons.

Nos députés n'ont jamais refusé leurs voix aux projets de loi, si anodins qu'ils fussent, qui pouvaient apporter un peu de bien-être à la classe prolétarienne.

Mais, ce à quoi se refuse le Parti Socialiste de France, c'est à ériger en méthode le *réformisme*.

N'oublions jamais notre but : transformation de la forme de la société, et comprenons bien que sans cette transformation *totale*, aucune réforme importante et sérieuse n'est possible, N'oublions jamais non plus le principe de la « lutte de classes, » et ne cherchons pas à nous allier aux capitalistes pour faire de la « *coopération* des classes. » Sinon, tout le système socialiste est par terre ; nous ne sommes plus que des radicaux.

III. — *Les collectivistes ne sont pas anticléricaux*

Nous ne faisons pas de l'anticléricalisme un tremplin politique et électoral comme les radicaux, parce que nous considérons que la question cléricale est *un des points à résoudre*, mais non *l'unique*, et qu'il se résoudra de lui-même par la transformation de la société.

Sous le régime collectiviste, les Eglises seront rentrées dans le droit commun : elles seront dépouillées de tous leurs biens comme de toutes les fabriques de liqueurs ou de chocolat qui y sont annexées : leurs ministres n'auront plus de *caractère officiel*. Il n'y aura plus de bandes de miséreux qu'elles tiendront par la puissance de l'*aumône*.

Les Eglises auront ainsi perdu les cinq sixièmes de leur influence, et les modifications qui se produiront dans la mentalité des hommes feront le reste.

C'est pourquoi nous disons que : *le véritable anticléricalisme, c'est l'anticapitaliste.*

Nous n'en sommes pas moins momentanément des adversaires résolus des cléricaux : et ce sont les députés de notre parti qui ont demandé « la suppression de toutes les congrégations et le retour de leurs biens à la Nation. »

Mais il ne faut pas que la question anticléricale occupe *exclusivement* la scène politique et serve à faire oublier au prolétariat les réformes économiques qu'il attend depuis si longtemps.

IV. — *Les collectivistes ne sont pas républicains*

Voilà encore un des reproches qu'on nous adresse fréquemment : et cela sous le prétexte que nous ne voulons pas suivre aveuglément un ministère (Waldeck ou Combes), qui s'intitule « ministère de défense républicaine ». Pure fumisterie, car la République n'est attaquée par personne.

Mais les socialistes ne peuvent pas non plus emboîter le pas derrière les représentants du capitalisme, qui font fusiller les travailleurs en grève ou les terrorisent par des charges de cavalerie lorsqu'ils revendiquent leurs droits.

Ils ont à garder intacte la doctrine socialiste et n'ont pas à se préoccuper des changements de ministères, étant donné que tous se valent à peu de chose près.

Leurs représentants à la Chambre doivent suivre la même ligne de conduite : ils ne sont ni ministériels, ni antiministériels. Ils n'ont à prendre conseil que de leur conscience socialiste, en votant pour toutes les mesures favorables au prolétariat ; en repoussant les autres, sans se préoccuper des crises ministérielles, qui nous sont indifférentes.

Mais il n'en reste pas moins acquis que ni nos représentants, ni nous-mêmes ne laisserons jamais toucher à la *forme républicaine*, car nous la considérons comme la plus favorable à notre propagande par l'obligation où se trouve un gouvernement *républicain* de respecter, *au moins dans certaines limites minimum*, la liberté de la presse, la liberté de réunion et d'association. On peut exploiter contre nous certaines phrases de pure polémique interprétées jésuitiquement par nos adversaires. Il n'en restera pas moins ce fait que les collectivistes sont des *républicains* inconstestables ; plus républicains certainement que ceux qui leur jettent ce reproche.